Nº 7

PRÉCIS

D'UN

COURS

SUR LES

PRÉLIMINAIRES DU DROIT.

Par M. BERRIAT-SAINT-PRIX.

LEX

A GRENOBLE;

Chez J. ALLIER, Cour de Chaulnes.

Juin 1809.

398

TABLE DES MATIÈRES.

PRÉCIS

D'UN COURS

SUR LES PRÉLIMINAIRES DU DROIT.

PAR M. BERRIAT-SAINT-PRIX.

Nous entendons par *préliminaires* du droit, les notions qui peuvent être utiles, lorsqu'on se propose de suivre les cours d'une faculté de droit (*).

CHAPITRE PREMIER.

Introduction. — Acceptions diverses des principaux termes.

On entend, en général, par *législation* ou par *droit* (1) un système, un ensemble, une réunion de règles d'après lesquelles les hommes doivent se con-

---

(*) D'après cette idée générale du présent cours, on pressent que le professeur insistera peu sur les objets enseignés dans les facultés de droit, et dont l'ordre des matières l'obligera de parler.

(1) Comme le mot *législation* signifie proprement *collection des lois*, *science des lois*, et comme le droit (*V. pag. 2*) embrasse les règles mêmes qui ne sont pas *lois*, la législation devrait être considérée comme l'espèce, et le droit comme le genre ; mais dans l'usage on confond assez ordinairement ces deux termes.

On nomme aussi (par abréviation ou analogie) *droit*, la science qui enseigne les diverses règles dont le droit lui-même se compose.

Ulpien, d'après Celsus (*L.* 1 , *ff. Just. et jure*), définit le droit, *l'art du bon et du juste.* Cette définition est trop vague ; elle indique, il est vrai, une des acceptions du mot droit, mais elle n'embrasse point les autres. — *V. celles que nous exposons, pag.* 1 *et* 5.

A

'duire. Lorsqu'on emploie ce mot isolément, il désigne le système, l'ensemble des règles d'après lesquelles tous les hommes doivent se conduire ; lorsqu'on y joint le nom d'un peuple ou l'adjectif qui en tient lieu, il désigne le système, l'ensemble des règles d'après lesquelles ce peuple et les individus qui le composent doivent se conduire (2). Ainsi l'on dit dans ce dernier sens, la *législation française* ou *des français*, le *droit français* ou *des français*.

Une règle est, en général (3), un précepte, une maxime, un ordre, qui désigne comment tel ou tel fait, telle ou telle action doit avoir lieu. Elle est écrite ou non écrite, consacrée par l'autorité publique ou reçue par l'assentiment tacite d'un certain nombre d'individus.

Les règles écrites et consacrées par l'autorité publique se nomment *lois* (4) ; les règles non écrites et reçues par consentement tacite se nomment *coutumes* (5). Elles suppléent aux lois ; quelquefois même elles y dérogent.

Une loi est proprement un précepte de morale (6)

(2) *V. inst. de jure nat.*, § 2.

(3) Considérée en particulier, par rapport à la science du droit, une *règle* est une indication abrégée de ce qu'on doit faire ou décider dans plusieurs circonstances semblables. — *V. L.* 1, *ff. reg. jur.; Pothier, in pand.*, et *Bronchorst, de reg. jur. ad d. l.*

(4) Le mot loi, *lex*, vient de *lectio*, choix, suivant Ant. Augustin (*de legib.*, c. 1)... ; d'autres le font dériver de *legere*, lire, parce que la loi était lue au peuple romain.

Quant aux caractères de la loi en général, *V. LL.* 1 et 2, *ff. legib.*

(5) Ou bien *usages*, expression qu'on emploie aussi au singulier.

Au reste, c'est improprement qu'on appelle encore *coutumes*, les règles qu'on suivait jadis dans la France septentrionale. Elles avaient été écrites et consacrées par l'autorité publique ; elles étaient donc des *lois*.

(6) Nous ne parlons qu'en général et de ce qui devrait être, car outre que plusieurs lois ne sont pas conformes à la morale (*V. L. non omne* 144, *ff. reg. jur.*), il en est qui ne sont que de droit purement positif. — *V. chap.* 2, *pag.* 9.

rendu obligatoire par le souverain ou ses délégués, et destiné à assurer le bonheur de l'homme en lui traçant sa conduite.

Quelquefois cependant on donne le nom de *lois* à des règles qui ne sont pas prescrites par l'autorité publique, mais qui dérivent tellement de la nature des choses, qu'elles semblent avoir été établies par l'ordonnateur de l'univers; ainsi l'on dit les *lois naturelles* pour désigner les règles du droit naturel.

Il résulte des observations précédentes, qu'il est nécessaire de connaître les règles (7) du droit. Mais comme ces règles ne peuvent embrasser tous les événemens, toutes les circonstances, où elles doivent servir de guides, il faut savoir en faire l'application aux circonstances ou événemens semblables à ceux que les règles indiquent (8). C'est là un art véritable, qu'on nomme *jurisprudence* (9), et qui est exercé par les *gens de loi*.

Cet art est exercé, ou par voie d'autorité, ou par voie de conseil : il l'est dans le second cas, par les gens de loi proprement dits (10); dans le premier,

(7) Ce mot est pris ici dans son acception générale.

(8) V. à ce sujet, les chap. 4 et 5.

(9) On peut dire aussi que la jurisprudence est tout-à-la-fois l'art d'appliquer les règles du droit, et la connaissance de la manière dont en applique ces règles à divers cas, dans certains pays.
Justinien, d'après Ulpien (*L.* 10, §S 2 , *ff. Just. et j.*), la définit: « La connaissance des choses divines et humaines, la science du » juste et de l'injuste ». — *Inst. h. t.*, § 1. — Nous ne chercherons point, avec les commentateurs, à expliquer et encore moins à justifier cette définition vague et ampoulée : nous serions peut-être obligés de répéter ce que dit Vinnius (*in h.* §.) ; « si cui hæc explicatio sub- » tilior videtur » , etc.

(10) Les plus habiles dans cet art se nomment parmi nous *jurisconsultes*, et c'est la postérité ou leurs contemporains qui leur donnent cette qualification honorable. Henrys , Catelan , Ricard , Furgolle , Pothier , M. Merlin , etc. ne l'ont jamais prise dans leurs savans ou-vrages , ainsi que l'ont fait depuis la révolution beaucoup d'auteurs,

par les *juges* (11), et l'on dit alors que ceux-ci rendent la *justice* (12), parce qu'on suppose et qu'on doit supposer qu'ils pratiquent leur art avec équité (13).

---

dont plusieurs n'avaient pas le droit de dédaigner la qualification moins relevée d'*homme de loi*, consacrée par la législation intermédiaire.

(11) Qu'est-ce qu'un juge ? V. mon cours de procédure, part. 1 sect. 1, ch. 2, art. 2, § 1.

(12) Justinien, d'après le même Ulpien (*L.* 10, *in pr.*, *ff. eod.*), définit la *justice*, une volonté ferme et constante, de rendre à chacun ce qui lui est dû. — *Inst.*, *eod. in pr.* — Cependant la justice ne consiste pas seulement dans la volonté, mais encore dans l'action de rendre à chacun ce qui lui appartient. Et comme les tribunaux *font* cette action au nom de la société, on dit avec raison *qu'ils rendent la justice.*

La plupart des commentateurs (*V. Wesembeck sur Schneidwin*, *Lorry*, *Cl. Jos. Ferriere*, etc., *in h. tit.*), divisent la justice en *commutative* et en *distributive*. La première fait observer une entière égalité dans les contrats, tandis que la seconde décerne les récompenses et inflige les châtimens, suivant le mérite et la qualité des personnes ; c'est pourquoi ils prétendent que celle-ci agit d'après *la proportion géométrique*, et l'autre d'après *la proportion arithmétique*. Il suffit de rappeler de telles propositions pour en montrer l'absurdité. Et cependant Vinnius qui a entrepris de les réfuter ne l'a fait qu'en commettant des erreurs du même genre, car s'il soutient que l'assertion est fausse quant à la justice commutative, et qu'elle n'est pas exacte quant à la justice distributive, il ajoute que c'est parce que celle-ci observe tantôt la proportion arithmétique, tantôt la géométrique.

Remarquons, au reste, qu'il faut une volonté et par conséquent une *action* CONSTANTE de rendre à chacun ce qui lui est dû, pour *être juste :* il ne suffit pas d'une volonté et d'une action *passagère.*

(13) V. d. cours de procédure civ., au lieu cité.

CHAPITRE II.

Divisions et parties du droit.

ON a remarqué que le mot *droit* est synonime de celui de législation : on l'emploie aussi dans une acception différente (1). On dit, par exemple, qu'un citoyen *a droit* à telle chose, *a le droit* de faire telle action. Dans ce sens, le mot *droit* est à peu près synonime de *faculté*. D'après cela l'on pourrait dire que la science du droit nous apprend quelles sont les diverses facultés de l'homme, et comme il reçoit ses facultés soit de la nature, soit de la société humaine, on pourrait diviser cette science en *droit naturel* et en *droit social*.

I. *DROIT NATUREL*. Le droit naturel, nous l'avons dit, est l'ensemble des lois naturelles ou des règles qui dérivent de la nature même des choses (2). Il doit

(1) Dans plusieurs autres. — *V. pag.* 1 *et note* 1.

Paul et Martien en annoncent aussi (*LL.* 11 *et* 12, *ff. eod. tit.*) plusieurs, mais qui ne sont que des acceptions du mot *droit* joint à des qualificatifs.

Puffendorf (cité par Rousseau, huitième lettre de la Montagne) définit le droit : « une qualité morale par laquelle il nous est dû » quelque chose ». Cette définition me semble obscure et inexacte, et au moins incomplète ; en effet, elle donne tout au plus une idée du droit *actif*, c'est-à-dire de celui en vertu duquel nous pouvons réclamer quelque chose, et qui est ainsi appelé par opposition au *droit passif*, ou à celui en vertu duquel on peut nous demander quelque chose.

(2) Ceci est l'acception générale.

Considéré par rapport à une personne, un auteur le définit : « la fa- » culté que l'homme a de faire usage à son gré de ses forces et des » objets extérieurs, autant que cet usage n'est point contraire à la

diriger dans leur conduite, tous les hommes, abstraction faite de leur réunion en société, et en états ou nations, et considérés seulement comme membres de la grande famille du genre humain. On le nomme aussi *morale universelle, législation universelle*.

II. *Droit social.* Le droit social est l'ensemble des règles que doivent observer les hommes réunis en société. Il se divise en droit public et en droit privé.

1.° Le droit *public* est l'ensemble des règles qu'observent les aggrégations d'hommes formant les états, et considérées comme des corps politiques. On le nomme aussi droit des *gens* (3) et législation publique.

Les actes des corps politiques sont relatifs à leurs affaires extérieures ou intérieures; le droit public est donc *extérieur* ou *intérieur*. Les règles relatives à la guerre, à la paix, aux traités, aux trêves, etc. sont du ressort du premier. — Les règles relatives à la souveraineté, à ses droits, à son exercice, aux individus qui y participent, etc., sont du ressort du second (4),

---

» raison ». — *V. au répert., h. v. , une excellente dissertation de M. Garran de Coulon (aujourd'hui sénateur).*

Justinien, d'après Ulpien (*L.* 1, § 3, *ff. eod.*), définit le droit naturel, « celui que la nature enseigne (ou inspire) à tous les êtres animés ». — *Inst. , de jure nat. , in pr.* — Il est inutile de faire observer les vices qu'offre cette définition, quant à l'objet que se proposait le législateur.

(3) Ou droit des peuples, des nations, *jus gentium...* Le droit des gens est souvent confondu, dans les lois romaines, avec le droit naturel. — *V. Pothier, in pand. , ad L.* 1, § 4, *ff. Just. et j.*

(4) L'économie politique qui détermine les règles à observer dans l'administration proprement dite des états, peut être regardée comme une branche du droit public intérieur.

que l'on nomme encore droit *politique*, droit *cons-titutionnel* (5).

2.º Le droit *privé* (6) est l'ensemble des règles que doivent observer les hommes dans leurs relations particulières et réciproques, abstraction faite de leur participation à la souveraineté (7).

Mais comme ces règles varient suivant les individus qu'elles intéressent, le droit détermine les caractères qui peuvent distinguer ces individus ; ceux, par exemple, auxquels on reconnaît l'état privé ou civil (8), la pupillarité, la minorité, la majorité, etc., ainsi que les prérogatives qui leur sont propres. Par conséquent la première partie du droit privé est relative aux *personnes*.

Le droit établit ensuite les règles que les hommes doivent observer dans l'usage, la disposition ou l'af-fermissement de leurs propriétés. Déterminer la nature de ces mêmes propriétés, la manière dont on doit en disposer, soit à titre onéreux, par vente, par exemple,

---

(5) Quant aux règles du droit privé ou civil, que l'on considère dans l'usage comme *tenant* au droit public, V. ci-après, ch. 3, n.º 3, in f.

(6) C'est celui qu'on nomme aussi droit *civil*. — *V.* pag. 10.

(7) On peut objecter que le souverain lui-même est en général assu-jetti aux règles de ce droit, pour l'exercice de ses *droits privés*, par exemple pour les contestations relatives à ses domaines ; mais il faut remarquer que dans ce cas, le souverain, l'état, le gouvernement, etc., sont considérés comme des personnes *civiles*. La même observation s'applique aux communes, corporations, etc.

On entend en droit, par *personne*, un être considéré par rapport aux divers droits dont il peut jouir. Une personne est *réelle* ou *civile* : la première est celle qui existe réellement, telle qu'un homme quel-conque ; la personne *civile* est celle à qui, dans la pensée, et à raison de ses droits actifs ou passifs, on donne de l'existence, telle qu'une association, etc. — *V. note* 1, *in f.*, *pag.* 5.

(8) On dit que les questions d'état sont de droit public. V. à ce sujet, *ch.* 3, *n.º* 3, *in f.*

A 4

soit à titre gratuit, par testament, par exemple ; celle à l'aide de laquelle on les affermit, l'hypotheque, par exemple, etc.; voilà les objets principaux de la seconde partie du droit privé. Elle concerne donc les actions des hommes qui sont relatives à la *propriété.*

La troisième partie du droit privé est relative aux actions qui portent une atteinte à la sûreté des personnes ou des propriétés. C'est ce qu'on nomme ordinairement le droit *criminel* (9), que l'on divise en droit *criminel proprement dit, police correctionnelle* et *police simple*, suivant le plus ou le moins de gravité de l'atteinte.

La quatrième partie embrasse les règles qu'on doit observer lorsqu'il s'agit de faire prononcer sur un différend né de quelqu'une des actions indiquées aux trois parties précédentes, ou des caractères plus ou moins douteux de l'état d'une personne ; c'est ce que l'on nomme la *procédure*, qu'on divise en procédure civile et en procédure criminelle (10).

La division du droit ou de la législation que nous venons de proposer, nous paraît simple et analytique. Il est bon toutefois d'avoir une idée de quelques-unes de celles qu'ont adopté les principaux auteurs. Nous allons en rappeler une qui est assez accréditée.

D'après cette division, il y a trois espéces principales de lois, les lois divines, les lois naturelles et les

---

(9) Ou législation criminelle.

Le droit criminel pourrait, au moins en partie, être compris dans le droit public, parce que les actions des hommes peuvent porter atteinte aux propriétés publiques, au gouvernement, etc. — *V. p. 6.*

(10) V. le même cours de procédure, in pr.

lois humaines (11). Les lois *divines* sont celles que la révélation a transmises; les lois *naturelles*, celles qui sont gravées au fond du cœur de tous les hommes, et les lois *humaines*, celles que les hommes ont faites.

Les lois divines ou révélées, et les lois naturelles, sont encore appelées *immuables* (12), parce qu'elles ne peuvent changer en aucun point; les lois humaines sont appelées *positives* (13) ou *arbitraires* parce qu'elles dépendent de la volonté des hommes, et qu'elles peuvent changer comme cette volonté (14).

La nécessité de régler les difficultés qui naissent de l'application des lois immuables, et l'invention de certains usages utiles à la société, ont donné lieu aux lois arbitraires : on en distingue deux sortes ; 1.° celles qui ont rapport aux lois divines; 2.° celles qui ont rapport aux lois humaines.

On nomme lois *canoniques* ou *ecclésiatisques* les lois positives ou arbitraires de la première espèce : elles sont composées des actes des conciles, des décrétales, des décrets, des bulles ou brefs du Pape, enregistrés et approuvés en France... Ces lois ne sont mises au nombre des lois arbitraires que lorsqu'elles statuent sur la discipline de l'église; car les actes des conciles qui sont déclaratifs de certains points du dogme, sont censés infaillibles et immuables.

La seconde espèce de lois positives ou arbitraires comprend, 1.° le droit des gens qui règle les relations extérieures des nations ou états; 2.° le droit

---

(11) Ainsi, voilà le droit divisé en *divin* ou *sacré*, en *naturel*, et en *humain*.

(12) *V. inst.*, *de jure nat.*, § 11.

(13) Il est difficile de comprendre le motif de cette dénomination.

(14) Par exemple, on exigeait autrefois *six* témoins pour les testamens par acte public (*Ordonnance de* 1735, *art.* 5.); il suffit à présent de *quatre* et même de *deux* (*V. C-Nap.*, 971). On ne pourrait déroger ainsi à une disposition du droit naturel. ‑ *V. d*, § 11.

public qui a rapport à l'ordre public du gouvernement ;
3.º le droit privé, ou *droit civil*, qui a rapport aux
affaires des particuliers.

Cette division manque d'exactitude, 1.º en ce qu'on
y sépare le droit des gens du droit public, dont il
n'est évidemment qu'une branche ; 2.º en ce qu'on y
confond le droit privé avec le droit civil (15).

_____

(15) Cette dernière inexactitude est sur-tout remarquable, parce
qu'elle introduit souvent de la confusion dans l'étude du droit.
Lorsque le premier projet de code civil parut, nous établimes dans
un mémoire adressé le 4 frimaire an 5 (1796) à la commission des
lois, que d'après les principes de la jurisprudence romaine et de la
saine raison, le droit civil est le droit propre d'une cité ou d'un
peuple, dont il embrasse tout-à-la-fois, et le droit public, et le droit
privé, et le droit criminel, et le droit sacré, etc. ; tandis que le
droit privé ne statue que sur les différends particuliers des individus
qui composent cette cité ou ce peuple.

Entr'autres autorités nous nous fondâmes sur ce texte des instituts
(*de Just. et j.*, § 4), *dicendum est de jure privato quòd tripertitum est :*
collectum est enim ex naturalibus præceptis, aut gentium, aut civilibus
(texte encore plus décisif dans plusieurs anciens manuscrits où l'on lit :
quòd tripertitò collectum est, ex etc. — V. l'édit. de Plantin, 1575) ;
observant que si le droit privé est seulement tiré, et en partie, du
droit civil, il ne peut donc être le même que le droit civil, etc.

On sembla d'abord frappé de ces remarques, car lorsque le conseil
des cinq cents commença (*séance du 3 pluviôse an 5*) à discuter le
projet du code, le rapporteur les indiqua, et ajouta que *l'observation*
de l'auteur paraissait soutenue de plusieurs considérations, et qu'on
s'en occuperait après avoir décrété tout le projet. On sait que la discussion du code fut interrompue peu après, et qu'on fit un nouveau
projet (celui qui a servi de base au code Napoléon) en l'an huit.
L'observation fut sans doute oubliée dans l'intervalle, ou peut-être
l'usage qui s'était introduit depuis Domat, et vraisemblablement à
son exemple, de donner le faux titre de *lois civiles*, *droit civil*, etc.,
à plusieurs ouvrages sur le droit privé, aura paru assez puissant pour
devoir l'emporter sur les anciens principes.

☞ Il n'est pas toujours aisé de faire comprendre aux jeunes élèves
pourquoi le code distingue les droits civils des droits de cité ou des
citoyens, etc. ; nous l'avons éprouvé, et tel est le motif de cette di-
gression, qui pourra les aider à sortir d'embarras.

CHAPITRE III.

Des effets et de l'exécution des lois.

NOUS avons dit (pag. 2) qu'une loi est en général un précepte de morale rendu obligatoire par le souverain ou ses délégués, et destiné à assurer le bonheur de l'homme en le dirigeant dans sa conduite.

Il résulte de là (aussi en général) qu'une loi a de l'*effet* sur tous les habitans du pays qu'elle concerne, ou en d'autres termes, qu'elle doit être exécutée par eux. Mais comment doit-elle être exécutée ? faut-il toujours l'exécuter ? n'est-on pas libre de renoncer à l'exécuter ? quand faut-il l'exécuter ? les étrangers sont-ils obligés de l'exécuter ?... C'est ce que nous allons examiner en considérant l'effet de la loi sous les divers points de vue indiqués par ces questions. Nous remarquerons auparavant que la plupart des règles suivantes sont encore des conséquences de notre définition de la loi.

I. *EFFET QUANT A L'APPLICATION.* — La loi, dit Modestin (*L.* 7 , *ff. de legib.*), « a ces quatre effets : » elle ordonne, ou défend, ou permet, ou punit. »

1.° *Lois impératives.* — Lorsque la loi ordonne, point de doute qu'on ne doive faire ce qu'elle prescrit ; ou autrement elle serait inutile.

Néanmoins, par des considérations morales fondées sur les habitudes des hommes, on n'annulle pas, en cas d'omission de ce qui est prescrit, à moins que la loi ne prononce la nullité (1), ou ne contienne

---

(1) C'est ce qu'on nomme la *clause irritante.*

une clause qui sous-entend la nullité (2). — *V. M. Merlin, nouv. répert.*, mot *bordereau; d. cours de procéd.*, *part.* 1, *sect.* 3, *ch.* 3; *arr. cass.*, 12 *prair. xj.*

Mais cette dernière règle reçoit elle-même une exception dans les cas où la loi prescrit des formes qui tiennent à l'essence d'un acte; la clause irritante est alors sous-entendue, puisque sans ces formes l'acte n'existerait pas (2 *bis*). — *V. les mêm. autorités; M. Merlin, recueil alphabétique*, mot *mariage*, § 3; *arr. cassat.*, 26 *fruct. xj*, 22 *avril* 1807.

Observez que la loi en ordonnant une chose, est censée défendre les choses opposées. — *V. ci-après, chap.* 5, 3.me *classe, n°.* 15.

2.° *Lois prohibitives.* — La défense portée par la loi doit être observée sous peine de nullité, même lorsque la nullité n'y est pas prononcée (3). — *V. L.* 5, *v. hoc est, et §.* 1, *C. de legib.*

Il y a plusieurs observations à faire sur cette règle.

En 1.er lieu, si la loi defend une chose dans une circonstance, elle est censée la permettre dans les autres. — *V. M. Merlin, rec. alph.*, mot *stipulation.*

---

(2) Exemple : une négation placée devant le verbe *pouvoir* dans une loi (en ces termes, *ne peut*) emporte impossibilité et par conséquent nullité de plein droit. — *Arg. ex L.* 5, *C. de legib.; Dumoulin, cité par M. Merlin, recueil alphab.*, mots *appel*, § 9, *et chose jugée*, § 2; *nouv. répert.*, mot *bordereau; arr. cassat. crim.* 25 *flor. viij.*

(2 *bis*) On pourrait ajouter qu'il en est de même en général, quand la loi donne des règles et indique des circonstances d'après lesquelles elle établit, détermine ou accorde des droits et des avantages... Mais alors on prononce moins une nullité, qu'on ne dénie ou refuse les droits et avantages réclamés, parce qu'ils n'ont pu être acquis que par l'observation de ces règles ou le concours de ces circonstances.

(3) C'est qu'alors on ne peut s'autoriser des mêmes considérations morales (*V. le numéro précédent*) pour atténuer l'effet de la loi.

Il est pourtant des circonstances où des considérations politiques d'un ordre supérieur font valider ce qui a été fait contre la défense de la loi; par exemple, on a quelquefois validé des mariages contractés contre cette défense; c'est que l'annullation de ces mariages aurait eu de trop fâcheuses conséquences.

En 2.e lieu, tout ce qui n'est pas défendu par la loi, est permis. — *Arg. ex L.* 43, §. 1, *ff. procurator.; V. Faber, l.* 8, *tit.* 25, *def.* 9; *Furgole, donat., qu.* 32, *n.°* 36; *arg. de L.* 22 *vent. ij, art.* 55; *M. Merlin, sup.*, mot *avantages aux héritiers.*

En 3e lieu, la défense d'un acte (4) contraire aux mœurs et à l'équité s'étend à toutes les suites de l'acte; tandis que si l'acte est indifférent, par lui-même, on ne peut pas suppléer la défense omise dans la loi quant à ces suites. — *V. c.* 39, *de reg. jur. in* 6.°; *Bouguier, lett. d., §.* 12; *M. Merlin, ib.*

En 4.e lieu, la défense d'une chose comprend celle d'une chose moins considérable. — *Arg. ex L.* 4, *ff. senatorib.*

3.° *Lois qui permettent ou tolèrent* (5). — **La** la loi qui tolère ou valide un acte pour le passé, est censée le défendre pour l'avenir. — *L.* 22, *ff. legib.*

Celle qui permet un acte quelconque, est censée en autoriser un moins considérable, ou moins dangereux, du même genre. — *V. L.* 21, *ff. reg. jur.* — V. aussi *L.* 26, 110, *in pr.*, 163, 165, *in pr.*, *ff. eod.*

4.° *Lois pénales et rigoureuses.* — Les lois pénales et celles qui mettent des limites à la liberté naturelle, se restreignent aux cas précis sur lesquels elles statuent; on ne doit pas les étendre à d'autres cas. — *Odia sunt restringenda.* — *V. Aug. Barbosa, ax.* 146; *Expilly, plaid.* 19, *n.°* 8; *Furgole, donat., qu.* 33, *n.ᵒˢ* 2 et 40; *Ferrière, des tutelles, part.* 4, *sect.* 8; *arr. cass. crim.*, 11 *brum. viij, n.°* 72.

---

(4) Acte est pris ici dans le sens le plus général.

(5) Nous ne plaçons ensemble ces deux espèces de lois que pour ne pas multiplier les subdivisions, car on conçoit facilement qu'il y a une grande différence entre *permettre* et *tolérer* une chose. — *V. M. Bernardi, cours de dr. civ., liv.* 1, *ch.* 2.

La peine prononcée par la loi est quelquefois considérée comme une simple menace : la disposition pénale est alors appelée *comminatoire* ; c'est-à-dire, regardée comme ne devant être exécutée qu'après un délai, une interpellation, etc. Quant à cette règle dont anciennement on avait beaucoup abusé, *V. le cours de procéd.*, part. 1, sect. 3, chap. 3. (6).

II. *EFFET QUANT AUX OBJETS D'APPLICATION.* — Les lois françaises relatives à la police et à la sûreté (7) obligent tous ceux qui habitent le territoire (8).

Les lois relatives aux immeubles régissent tous les immeubles français, même ceux qui sont possédés par des étrangers.

Les lois relatives à l'état et à la capacité des personnes régissent tous les français, même ceux qui résident en pays étranger. — *C.-N.*, art. 3 (9).

---

(6) A l'égard des règles relatives au mode d'application des lois, V. ci-après, chap. 4.

(7) Ces mots *lois de sûreté* embrassent les lois criminelles. — *Conseil d'état, séance du 6 thermidor an 9.*

(8) *Droit ancien.* — Cette règle a été admise dans tous les tems, par tous les publicistes (*rapport de M. Grenier, séance du tribunat, du 9 ventôse an 11*), et elle résulte aussi de la constitution de 1791, tit. 6.

(9) Les jurisconsultes ont été très-partagés sur la distinction précise des statuts réels, ou lois qui régissent les immeubles, et des statuts personnels, ou lois qui régissent les personnes. On peut consulter à ce sujet les traités et mémoires de Voët, Froland et Boullenois sur les statuts ; les observations du président Bouhier, sur la coutume de Bourgogne ; Coquille, questions et réponses, n.° 27 ; Furgole, traité des testamens, ch. 6, sect. 2, n.° 81 ; Daguesseau, 54.e plaidoyer, t. 4 ; Henrys, t. 2, liv. 4, qu. 105 ; M. Merlin, rec. alph., mot *remploi*.

La Cour d'appel de Grenoble a rendu, le 7 ventôse an 11, un arrêt où l'on établit sur ce point important du droit ancien, des principes conformes à l'esprit du code Napoléon. Elle a décidé « que le caractère des statuts réels est de disposer des immeubles en faveur des héritiers du sang ou d'autres personnes ; que lorsque la loi n'a pas

III. *Effet quant a la durée.* — Les lois sont censées *perpétuelles*, tandis que les coutumes sont variables : elles doivent être exécutées jusques à abrogation ou dérogation (10). — *V. L.* 2, *C. divers. rescr.; Expilly*, *pl.* 13, *n.* 8 *; Pothier*, *ff. de legib.*, *n.* 8 *; acte const.* 1791, *in f.; L.* 21 *sept.* 1792.

L'abrogation est le changement ou la révocation de toutes les parties d'une loi ; la dérogation, d'une ou de plusieurs parties seulement (11). — *L.* 102, *ff. verb. signif.*

» disposé elle-même des immeubles, et qu'ils restent à la libre dis-
» position des propriétaires, cette loi ne peut être considérée que
» comme un statut personnel ». En conséquence de ces principes, la
Cour a maintenu une donation faite à Marguerite Genève, des
Echelles en Savoie, avant la réunion de cette province à la France ;
donation où l'on avait compris *les biens à venir*, contre le texte de
l'ordonnance de 1731 (*art.* 15), et où l'on n'avait point observé les
formes du statut delphinal de 1456, mais qui était bonne suivant les
lois sardes. — Cet arrêt a été rendu après quatre audiences solen-
nelles, sur les conclusions de M. *Royer-Deloche*, plaidans MM. *Michal*
pour Marguerite Genève, et *Bernard* pour ses sœurs. — Les avocats
et le procureur-général ont discuté cette question importante avec une
sagacité, et tout-à-la-fois une profondeur, qui leur méritent les plus
grands éloges. — Un de nos anciens élèves, M. Garriel, a publié une
analyse raisonnée de cette affaire, dans le journal des causes célèbres
de Lebrun, an 11 ,.n.° 11. — *V. aussi* dans la jurisp.; du *C-Nap.*, t. 1
à 5, beaucoup de décisions sur l'effet des statuts, quant à la législation
transitoire.

(10) Une première conséquence de ce principe, c'est que l'abrogation de la loi ne se présume pas. — *V. arr. cassat. crim.*, 17 *flor. x.*

Deuxième conséquence. Le juge ne peut arrêter ou suspendre l'exécution de la loi sous aucun prétexte. — *V. acte const. an* 3, *art.* 203 *;*
arr. cassat. crim. 24 *fructidor* vij *; et mon cours crim.*, *tit. de l'extinction
des peines.*

(11) En empruntant ces deux termes à la langue latine, nous en
avons négligé deux autres qui nous eussent été aussi utiles, et un
cinquième qui était pour ainsi dire la source de tous les quatre. Il
résulte de là que nos termes empruntés, très-significatifs à Rome, le
sont fort peu chez nous. Voici tous ces termes, tels qu'Ulpien nous
les a transmis (*fragm. lib.* 1.). Mais pour bien les entendre, il faut

Abrogation. Il y a deux sortes d'abrogations, l'expresse et la tacite.

1.º L'abrogation est *expresse* (12) lorsqu'elle est prononcée par une loi postérieure (13). — *V. arr. cass. crim.*, 6 *niv. viij.*

Mais il faut excepter de cette règle les lois *spéciales*; elles ne sont point anéanties par une abrogation indéfinie insérée dans une loi générale. — *Arg. ex L. 80, ff. reg. jur.* — *V. avis du cons. d'état, du 1 juin 1807, in f.; et cours de procéd., part. 1, sect. 3, ch. 1, n.º 2.*

2.º L'abrogation est *tacite* dans deux circonstances. En 1.er lieu, quand les dispositions d'une loi sont inconciliables avec celles d'une loi postérieure (14). — *V. arr. cass. civ., 2 vent. ix, 14 frim. et 7 fruct. x.*

---

savoir qu'on nommait *rogatio legis*, l'action de soumettre la loi au peuple, parce que le magistrat qui la proposait, priait (*rogabat*) les citoyens de la décréter.

« Lex *rogatur*, dùm fertur; *abrogatur*, dùm tollitur; *derogatur* eidem, » dùm quoddam ejus caput aboletur; *subrogatur*, dùm aliquid adjicitur; » *obrogatur*, quoties aliquid in eâ mutatur ».

C'est aussi par une exacte analogie qu'on nommait *prærogativa* la centurie qui votait la première, puisqu'elle était *priée la première* de voter : nous en avons fait notre mot *prérogative*, qui n'est pas justifié de même par l'analogie. — *V. Heineccius, antiquit. rom., lib. 1. tit. 2.*

(12) On la nomme quelquefois *explicite.*

(13) Une expression *absolue* et *positive* n'est pas censée détruite par une expression purement *énonciative*, quoique contenue dans une loi postérieure. — *Décis. du minist. de la just., dans la gaz. des tribun., t. 13, an 4, p. 179.*

(14) On la nomme quelquefois *implicite.*

C'est la seule espèce d'abrogation tacite qu'on eût admise dans le premier projet de code civil; comme elle ne fut point reproduite à la discussion (*V. procès-verb., cons. d'ét., 4 therm. ix*), on doit conclure de ce silence qu'on a maintenu aussi la deuxième espèce, c'est-à-dire l'abrogation par le *long usage.* D'ailleurs, c'était par des motifs de prudence et non parce qu'on en méconnaissait l'utilité, qu'on avait jugé convenable de ne pas faire mention de celle-ci dans le code. — *V. disc. prélim. du premier projet de code, p. xvj, édit de Baudoin.*

— En

— En 2.ᵉ lieu, quand elles sont contrariées par un long usage (15). — *V. L.* 32, §. 1, *ff. legib.*

La première espèce d'abrogation tacite se conçoit facilement, et n'offre guère de difficultés. Il n'en est pas de même de la seconde espèce, car on peut demander quels sont les caractères du *long usage* auquel on attribue la force d'abroger une loi ?... Voici deux règles propres à lever toute incertitude sur ce point. 1.º L'usage doit être exprimé par des jugemens de cours supérieures; il ne résulte pas d'une simple habitude des gens de loi, d'une simple coutume d'après laquelle ils suivent dans les procès une marche opposée à celle de la loi. (*V. L.* 34, 38, 39, *ff. legib.*) 2.º Il ne suffit pas d'un jugement unique d'un seul tribunal, pour exprimer l'usage; il faut une jurisprudence générale de tous les tribunaux français, à moins que l'usage ne résulte d'un arrêt de règlement, parce qu'un tel arrêt est censé avoir l'approbation du législateur. — *Arg. ex d. L.* 32 et 38; *Arr. cass.*, 12 *vend. ix* et 25 *brum. xj*, (*sur les conclus. de M. Merlin*). — V. aussi *rec. alphabét.*, mots *opposition et société*, §. 1; *arr. cass.*, 20 *niv.* et 4 *fruct. xj*, 1 *fruct. xiij*, 12 *nov.* 1806.

Mais la dernière règle, applicable aux lois françaises proprement dites, ne s'étend point aux lois romaines : comme elles n'étaient pas des lois générales, observées dans toute la France, il n'était pas non plus nécessaire, pour leur abrogation tacite, que l'usage fût général (16). — *V. d. rec.*, mots *mines, reversion, révocation et servitudes*, §. 2; *arr. cass.* 2 *mess.* et 28 *therm. xj.*

---

(15) On ne connaît point en Angleterre l'abrogation par le *long usage* : tout citoyen peut réclamer l'exécution d'une loi qui n'est pas formellement rapportée.

(16) Même règle pour les lois françaises qui n'avaient été reçues que dans plusieurs provinces, telles que l'édit de 1771. — *V. arr. cass.*, 23 *prair. xiij*, *au nouv. rép.*, mot *lettres de ratif.* — Quant aux espèces de lois françaises, *voyez* notre cours de *législat.*, t. 1.

B

Dérogation. On conçoit que les régles précédentès sont applicables à la dérogation , puisqu'elle est à l'abrogation, comme l'espèce au genre.

Observez en outre que les particuliers ne peuvent déroger par des conventions, aux lois qui intéressent l'ordre public et les bonnes mœurs. — *C-Nap.*, 6. — V. aussi *LL.* 38 , *C. de pactis;* 26 , 27 *in pr. ff. verb. oblig.;* 5, ⅄. *nullum, C. de legib.; ult.,* ⅄. *secundum , C. de pact.; inst., de inutil. stipul.* §. 3.

La qualification des dernières de ces lois suffit pour les caractériser; mais qu'entend-on par loi d'*ordre public ?*

On peut répondre que ce sont d'abord , toutes celles qui font partie (17) du droit public (18).

En 2.ᵉ lieu, toutes les lois civiles qui concernent les institutions les plus importantes de la société , telles que le mariage, la puissance paternelle. — *Arg. du C-Nap.* 1388 , 1389 , *et du C-proc.* 1004, *in f.* — V. aussi, *arr. cass.* 24 *pluv.* 13, *à la jurisp. C-N.*, *t.* 4.

En 3.ᵉ lieu, les mêmes lois , lorsqu'elles tendent à assurer l'existence de l'homme, et son état civil (19). — *Arg. du C-proc.*, 1004, *in pr.*

Règle inverse. Les hommes sont au contraire libres de renoncer aux lois qui ont en vue leur avantage particulier (20). — *V. LL.* 29, ⅄. *pacta conventa, C. de pact.;* 46, *in f. ff. eod.*

---

(17) V. ci-devant , chap. 2 , n.º 2.

(18) Ce qui comprend les lois criminelles. — *V. d. ch.* 2 , *note* 9. Par conséquent il est défendu de transiger sur un délit (mais non pas sur les intérêts civils qui en résultent). — *C-Nap.* , 2046. — V. aussi *C-proc.* 249.

(19) Et à plus forte raison son état public.

(20) Lorsque nous avons renoncé à un avantage de ce genre, nous ne sommes plus admissibles à le réclamer, suivant la maxime *remittentibus actiones suas non est regressus dandus*; maxime insérée dans la L. 14 , § 9 in pr., ff. ædilit. edicto. — *V. Ferrière, des tutelles, part.* 4, *sect.* 12.

On observe à ce sujet que le droit civil commun forme pour les particuliers un droit *public*, avant qu'il en résulte pour eux des droits formés et acquis ; il ne devient *privé* que par l'application qu'ils s'en font, et ce n'est qu'alors qu'il peut être changé par la volonté de l'homme (21). — *Dunod, des prescript., part.* 1, *ch.* 14, *d'après Cujas* (et autres) *ad L.* 38 *de pact.* ; *M. Merlin, répert.*, h. v., *sect.* 1, §. 3.

IV. *Effet quant a l'époque.* — « La loi ne dis-
» pose que pour l'avenir ; elle n'a point d'effet ré-
» troactif (22). » — *C-Nap.*, 2. — V. aussi *L.* 7, *in pr.*, *C. de legib.*

Néanmoins, une loi qui explique (23) une loi précédente, dont les dispositions étaient douteuses, sta-
tue même sur les faits passés, lorsque rien n'a été consommé, c'est-à-dire, lorsqu'il n'y a pas eu de décision définitive, ou autre acte équivalent, tel qu'une décision en premier ressort ou une transac-
tion arbitrale passées en force de chose jugée. —
D. L. 7, *in f.* — Ce principe est mis en usage dans les *LL.* 7, *in pr. C. natural. lib.*; 21, *in pr. et in f.*, et 23, *in f.*, *C. de sacros. eccles.* (24).

---

(21) Ainsi on peut renoncer à la prescription lorsqu'elle est acquise, mais on ne peut y renoncer d'avance, pas plus qu'à une succession non ouverte. — *V. C-Nap.*, 2220, 791.

(22) On peut établir le principe de la non-rétroactivité sur le motif que la loi étant destinée à diriger l'homme dans sa conduite, ne peut le diriger pour des actions passées.

(23) C'est ce qu'on nomme une loi *explicative*, ou *interprétative*, ou *déclarative*, parce qu'elle explique ou déclare le véritable sens de la loi antérieure, ou qu'elle interprète cette loi pour en montrer le même sens véritable. La loi *déclarative* est opposée à la loi *introductive* en ce que celle-ci établit un nouveau droit.

(24) On avait inséré une décision à-peu-près semblable dans le projet de code civil (*livre préliminaire, tit.* 4, *art.* 3) et dans le premier projet de loi du code, soumis au Conseil d'état (*titre préliminaire, art.* 2, 2.ᵉ alinéa) ; mais on l'a supprimée, 1.º parce qu'il était difficile de bien caractériser une loi purement explicative ; 2.º parce que cette dé-

Par une conséquence de la règle précédente, une loi n'est susceptible d'exécution qu'à dater du jour où elle est suffisamment connue. Or, elle n'est censée connue suffisamment que lorsqu'on en a fait la publication. — *V. C-Nap.*, art. 1, *et l'appendix suivant.*

Appendix au Chapitre III.

De la publication des Lois françaises (25).

Pour connaître le jour auquel les lois anciennes ou nouvelles ont été publiées, et celui par conséquent à dater duquel elles ont dû être exécutées, il faut distinguer six époques.

1.re *Époque.* — Les lois de l'ancien Gouvernement, connues sous les noms d'édits, ordonnances, déclarations, et lettres-patentes, rendues avant le 14 juillet 1789, étaient exécutoires à dater du jour où elles étaient enregistrées et publiées dans les parlemens ou autres cours supérieures auxquelles elles étaient adressées (26). Ainsi l'exécution d'un édit

---

cision était inutile, et qu'il suffisait de s'en rapporter sur ce point au droit commun. — *V. le procès-verbal, séance du 4 thermidor an 9.* — Ainsi la règle exposée ci-dessus est maintenue par le fait; d'ailleurs on l'a bientôt mise en usage dans la loi du 14 floréal an 11, qui interprète celle du 12 brumaire an 2; et la jurisprudence de la Cour de cassation y est aussi conforme. — *V. arr. cassat. à la jurisp. C-Nap.*, t. 3, p. 476; *M. Merlin, nouv. répert.*, mot *bâtard*, sect. 2, § 4; *et rec. alph.*, mots *chose jugée*, § 8, *et donation*, § 3.

(25) Quant aux lois anciennes, nous en avons exposé le mode de publication dans un mémoire lu à la rentrée publique de l'école de droit de Grenoble, mémoire où nous faisons l'histoire raisonnée de la législation relative à cette matière, à dater des premiers tems de Rome jusques à nos jours.

(26) Plusieurs auteurs soutenaient que ces lois n'étaient exécutoires que du jour de leur publication dans les bailliages et sénéchaus-

devait avoir lieu dans toute l'étendue de la province
de Dauphiné, par exemple, à dater du jour où cet
édit était publié et enregistré au parlement de Grenoble. — *V. arr. cass.* 5 *et* 24 *frim. an* 2.

2.ᵉ *Époque.* — Les décrets rendus par l'Assemblée
constituante depuis la révolution jusques à la loi du
5 novembre 1790 (décret du 2), sanctionnés par
le roi et revêtus des titres précédens ou de celui
d'*arrêt du conseil*, sont obligatoires à compter du
jour où ils ont été transcrits et publiés, ou par les
les administrations, ou par les tribunaux établis dans
un district (27). — *LL.* 6 *novembre* 1789 (*décret
des* 8 *et* 10 *octobre*), *art.* 6 *et* 7 ; 5 *novembre*
1790, *in pr.* ; *et* 11 *messidor an* 4.

3.ᵉ *Époque.* — Les décrets rendus depuis le 2
novembre 1790, par les Assemblées constituante et
législative, sanctionnés jusqu'au 10 août 1792 (28),

---

sées. — *V. Bardet, tom.* 1, *liv.* 3, *ch.* 16 ; *Louet et Brodeau, lett. C,
somm.* 21 ; *Jousse et Rodier, sur les art.* 4 *et* 5, *tit.* 1, *ordonnance de* 1667 ;
*Denisart, mot édit, n.*ᵒˢ 6 *et* 7 ; *Salviat, qu.* 13 ; *M. Portalis, exposé du
tit. prél. du C-Nap.* — Ce système est entièrement contraire au même
article quatre, et il a été rejeté par un arrêt du parlement de Toulouse, (*v. Rodier, ibid.*). Mais on a pu le fonder, 1.º sur une disposition (il est vrai, assez peu claire) ajoutée, on ne sait pourquoi,
(*v. procès-verbal de* 1667, 15.ᵉ *confér.*), à la dernière phrase de l'article
5 ; 2.º sur plusieurs autres arrêts. Enfin, il faut convenir qu'il est plus
conforme à l'équité, et tel est sans doute le motif pour lequel on
avait commencé à l'adopter dans des parlemens, comme ceux de Paris,
Toulouse et Bordeaux, dont les ressorts étaient fort étendus, et où
par conséquent on avait été plus frappé des inconvéniens de l'ancien
système d'exécution, exposé ci-dessus.

(27) La simple transcription a même suffi pour les districts où l'on
se bornait antérieurement à cette forme. — *V. d. L.* 11 *messid. iv* ; *le
rapport qu'en a fait M. Muraire* (dans le procès-verb. du cons. des
anc.), *et l'arr. cass.* 9 *niv. an* 3, *qui y a donné lieu.*

(28) Les décrets antérieurs qui n'étaient pas encore sanctionnés à
cette époque ont force de loi. — *L.* 10 *août* 1792.

A 22

et portant le titre de *loi*, ainsi que ceux de la même, Assemblée législative et successivement de la Convention nationale, rendus depuis le 10 août 1792 jusqu'au 23 prairial an 2, sont exécutoires dans un district à compter du jour où ils ont été enregistrés et publiés par une des administrations, soit de département, soit de district qui siegeaient dans ce district, si ce sont des lois administratives, ou par le tribunal qui y était établi, si ce sont des lois judiciaires. — *L. du 5 novembre* 1790; *arr. de cass. des 2 ventôse an* 9, 14 *frimaire et* 28 *floréal an* 10 (29).

Cette règle reçoit une exception à l'égard de quelques lois de la 3.e époque, insérées dans le bulletin de *correspondance*, créé par celle du 15 septembre 1792 : elles ont été exécutoires dans un district à compter du jour où ce bulletin y a été publié par l'administration, pourvu qu'elles aient décidé elles-mêmes que l'insertion au bulletin, tiendrait lieu de promulgation. — *V. arr. cass.* 28 *vent. iv*; *M. Merlin, rec. alph.*, mot *droits successifs*, §. 1, *n.*° 5.

4.e *Époque*. — Les lois rendues depuis le 23 prairial an 2 (30), sont obligatoires dans une commune, à dater du jour de leur promulgation dans cette commune, promulgation qu'on a dû faire vingt-quatre heures après la réception du bulletin qui les contenait. — *L.* 14 *frim. an* 2, *art.* 8-10, *sect.* 1.

5.e *Époque*. — A dater de la loi du 12 ven-

---

(29) Les Tribunaux ont long-tems interprété les dispositions de cette loi d'une manière différente. La Cour de cassation, après en avoir rappelé et combiné ensemble les dispositions avec celles des lois des 6 novembre 1789, 15 mars et 17 juin 1791, et 14 frimaire an 2, a donné les décisions que nous avons indiquées ci-dessus.

(30) Les premiers bulletins contiennent des lois des 16, 17, 21 et 22 prairial; mais comme la 1.re loi qui y est insérée est du 22, le mode de publication n'a pu être considéré comme étant en vigueur, qu'à dater du 23. — *V. d, arr.* 2 *vent. ix*, *sup.*

H 2.3

démiaire an 4 (31), les lois, les actes du Sénat, et les arrêtés du Gouvernement sont obligatoires dans l'étendue de chaque département, à compter du jour auquel le bulletin où ils sont contenus est parvenu à l'administration centrale, et ensuite à la Préfecture, jour qui est constaté par un registre (32). — *D. L. 12 vendém.; arrêté 16 prair. an 8; arr. cass. 7 août* 1807 (33).

Droit actuel, ou 6.ᵉ Époque. — Les lois sont exécutoires dans tout le territoire français en vertu

---

(31) Cette expression à *dater de la loi* signifie toujours à *dater de la publication de la loi*, puisqu'une loi n'est exécutoire qu'à cette dernière époque. — *V. ci-devant*, ch. 3, n.º 4, p. 20.

Cette autre expression, qu'on a employée ci-devant, *à dater*, *à compter du jour*, signifie *à dater de l'expiration de ce jour*, et par conséquent dans les systêmes des cinq premières époques, l'exécution n'a dû avoir lieu que le lendemain de la publication. — *V. arrêt de cass. 18 frim. vij.*

Il faut pourtant observer que cet arrêt se fonde sur la maxime *dies termini non computatur in termino*, qui n'est applicable qu'à certains actes de procédure (*V. cours de procédure*, part. 1, sect. 3, ch. 4 ; *M. Merlin, rec. alph.*, mots *enregistrement*, § 15 *et dernier ressort*, § 12 ; *et arr. cass.* 23 *flor. ix*); mais on aurait pu le motiver, 1.ᵉ sur la règle générale tirée de la loi 101, ff. reg. jur., d'après laquelle le jour où commence le délai, *dies à quo*, n'est jamais compté (*V. M. Merlin, ibid*); 2.º par argumentation tirée des lois nouvelles ci-devant rappelées, ainsi que de plusieurs autres, telles que les lois des 17 juin 1791, art. 87, et 27 juin -- 1 juillet 1792, art. 2.

(32) Pour faciliter l'exécution de cette disposition, le commissaire central était chargé d'adresser, le premier jour de chaque décade, aux administrations cantonnales de son ressort, un tableau des numéros du bulletin des lois, reçus dans la décade précédente, avec la désignation des jours d'arrivée. — *Arrêté du* 12 *prairial an* 4. — Les préfets ont dû ensuite faire le même envoi, chaque semaine, aux sous-préfets et aux maires. — *Arrêté du 16 prair. viij.*

(33) Les lois antérieures à celle du 12 vendémiaire an 4, qui n'ont pas été publiées suivant les formes prescrites, sont obligatoires du jour de l'arrivée de cette loi au département. — *L.* 24 *brumaire an* 7; *jugement de cassation, du 9 messidor an 7, n.º* 176.

de la promulgation (34) de l'EMPEREUR. Elles sont exécutées dans chaque partie du même territoire, du moment où cette promulgation y est censée connue, c'est-à-dire, dans le département où le Gouvernement siége, un jour après celui de la promulgation, et dans les autres, autant de jours après ce premier délai, qu'il y a de fois dix myriamètres entre leur chef-lieu et la ville où s'est faite la promulgation (35). — *C-Nap., art. 1 du titre prélim.,*

(34) Le mot *promulgation* dérive de *provulgatio* ou divulgation, parce qu'à Rome on donnait ce nom à l'affiche par laquelle on divulguait, on publiait un projet de loi qui devait être soumis aux suffrages du peuple. — *V. le traité de verbor. Significatione de Verrius-Flaccus, abrégé par Pomponius-Festus.* — Dans la suite on a confondu la promulgation avec la publication. — Aujourd'hui la promulgation est une formalité qui constate l'existence et la *constitutionnalité*, si l'on peut s'exprimer ainsi, de l'acte qui constitue la loi. — *V. le rapport de M. Grenier, séance du 9 ventôse an 11.* — On voit que la promulgation indiquée par le code Napoléon diffère de la publication proprement dite. Dans le mode adopté par ce code, il n'y a point de publication matérielle, mais une publication de droit.

Au reste, la promulgation se fait le dixième jour après l'émission de la loi. — *Acte const., an 8, art. 25, 37.* — *V. aussi S-C. 28 flor. xij, art. 70-73, et 137.* — Elle consiste dans un préambule et un mandement d'exécution que l'EMPEREUR y ajoute. — *V. d. S-C., art. 140.*

(35) Voici les intervalles après lesquels une loi promulguée est exécutée dans chacun des départemens qui composent le ressort de la Cour d'appel de Grenoble : Hautes-Alpes, sept jours ; Drôme, Isère et Mont-Blanc, six jours. — *V. le tableau des distances de Paris aux chefs-lieux de département, arrêté du 25 thermidor an 11.*

Observation. Suivant les termes du code, la loi, au lieu où siége le Gouvernement, est exécutoire *un jour après celui de la promulgation.* Une loi promulguée à Paris le 1.er d'un mois, n'est donc exécutoire dans le département de la Seine que le 3 du même mois, puisque ce n'est qu'alors qu'il s'est écoulé *un jour après celui de la promulgation* (*M. Bousquet, expl. du code, p. 9*) ; et par conséquent la même loi sera exécutoire dans les Hautes-Alpes, le 9 du mois, parce qu'il se sera alors écoulé, depuis le jour de la promulgation, 1.° un jour pour le délai précédent ; 2.° six jours pour six fois dix myriamètres de distance (il y en a 66) entre Gap et Paris. Elle sera exécutoire un jour plutôt,

qui a été promulgué le 24 ventôse an 11 (36).

A l'égard des décrets impériaux, il faut distinguer ceux qui contiennent des dispositions d'un ordre

---

ou le 8, dans les départemens de la Drôme, de l'Isère et du Mont-Blanc, dont les chefs-lieux sont à 56 myriamètres de Paris.

Le même auteur (p. 10) compte un jour de plus par fraction de dixaine de myriamètre, ce qui, dans l'exemple précédent, reculerait l'exécution de la loi d'un jour dans chacun des quatre départemens cités, puisqu'ils sont éloignés de Paris de 6 myriamètres, ou d'une fraction de dixaine, au-delà des dixaines complettes. Il est au moins douteux que cette décision soit admissible. La loi dit : *autant de jours qu'il* Y AURA DE FOIS *dix myriamètres...* Elle ne paraît donc pas compter un jour lorsqu'il n'y a pas tout-à-fait dix myriamètres de distance. — Au reste, le Gouvernement résoudra sans doute toutes ces difficultés par un réglement organique.

☞ Depuis la première édition (*brumaire an xij*) de cette note, la Cour d'appel de Colmar a suivi les principes qui y sont exposés, dans un arrêt du 16 thermidor an xij. — *V. jurisprud. C-Nap. an* 13, *t.* 3.

(36) Peut-on exécuter la loi avant l'expiration de ces délais ? Les actes faits en conséquence, sont-ils valables ? M. Bernardi, qui traite fort bien cette question, décide que si l'on est *obligé* d'observer la loi lorsqu'elle est publiée, chacun a la faculté de l'*exécuter*, dès qu'elle existe ; or, elle existe du moment de son émission au corps législatif, suivant l'avis du conseil d'état du 5 pluviôse an 8. — *V. son cours, liv.* 1, *ch.* 4.

M. Bergier (*instruct. sur L.* 4 *germ. viij, in f.*) discute avec beaucoup de développemens la même question et adopte les mêmes principes. Les appliquant ensuite à la loi du 4 germinal an 8, il décide qu'on a pu user des droits de disposer qu'elle accorde, à dater de la *promulgation* qu'en a faite le PREMIER CONSUL, et non de l'arrivée du bulletin au chef-lieu de la préfecture (*V. ci-devant,* 5.e *époque, pag.* 22) ; que c'est en ce sens qu'il faut entendre le *mot publication* de cette loi. Il ajoute que le ministre de la justice a résolu la question dans ce même sens, par une lettre officielle du 3 prairial an huit.

Ne connaissant point cette lettre (elle n'est pas dans le Moniteur du même mois), je ne puis rien dire sur la décision relative à l'exécution de la loi du 4 germinal ; mais quant à la question dont il s'agit, considérée sous un point de vue général, je me permettrai une observation. Les auteurs précédens ne parlent point d'une circonstance importante, celle où l'exécution d'une loi *facultative*, à dater de son émission, causerait quelque préjudice à un tiers. Supposons qu'une

général, de ceux qui n'ont qu'un objet privé, ou qui ne concernent qu'un intérêt purement local.

Les décrets de la 1.re classe sont exécutoires de la même manière que les lois de la cinquième époque (*v. page* 22), ou d'après le mode prescrit par la loi du 12 vendémiaire an 4 : ceux de la seconde classe ne sont obligatoires que du jour auquel on les notifie aux intéressés, ou des envois qu'en font ou ordonnent les fonctionnaires chargés de l'exécution. — *V. avis du cons. d'état, du* 12 *prair. xiij.*

---

loi (je fais toujours abstraction de celle du 4 germinal) ajoute à la faculté de disposer... Comme cette loi restreint tacitement les droits de l'héritier légitime, bien plus favorables que ceux de l'héritier testamentaire, puisqu'ils dérivent du droit naturel, tandis que les autres ne sont fondés que sur la législation civile, l'héritier légitime ne peut-il pas exiger qu'elle ne soit exécutée qu'à dater de sa publication effective, dans les systèmes anciens, et de l'expiration des délais ci-devant indiqués, dans le système actuel ! L'héritier testamentaire répondra sans doute, d'après les principes de ces auteurs, que cette loi n'étant pas *impérative* ou *prohibitive*, mais simplement *facultative*, le testateur a été libre de l'exécuter à dater de l'émission. Mais l'héritier légitime ne pourra-t-il pas répliquer : si cette loi n'était que *facultative* pour le testateur, elle est *impérative* pour moi, puisqu'elle m'oblige d'adhérer au testament, et par conséquent de vous abandonner une portion de droits qui m'était assurée par le droit naturel et les lois civiles antérieures ; donc je ne suis pas contraint de l'exécuter avant qu'elle me soit connue (*ci-devant pag.* 20), c'est-à-dire avant l'époque rigoureuse de la publication...

CHAPITRE IV.

De l'application des lois.

I. *NATURE et ESPÈCES.* — L'application d'une loi est l'action d'en comparer les dispositions avec un fait ou une question, pour examiner (1) ou prononcer (2) ce qu'elle statue par rapport à ce fait ou à cette question (3). On peut en distinguer deux sortes, l'application directe, ou proprement dite, et l'application indirecte, ou par interprétation.

On fait une application *directe*, lorsque la loi statue d'une manière claire et expresse sur le fait ou la question qu'on y compare (4); on fait une application *indirecte*, ou par *interprétation*, lorsque la loi ne statue pas clairement sur le fait ou la question (5). — *V. ci-après, chap.* 5.

---

(1) C'est le soin de l'homme de loi. — *V. chap.* 1, *note* 10, *pag.* 3.

(2) C'est l'office du juge. — *V. d. pag.* 3.

(3) *Exemples.* Un testament par acte public a été passé en présence d'un notaire et quatre témoins : on voit que la loi (*C-Nap.* 971) dispose que cette espèce de testament doit être passé en présence de ces personnes ; on décide que le testament est valable.

Un semblable testament n'a été passé qu'en présence de trois témoins ; on le compare à la même loi, et l'on décide qu'il n'est pas valable.

Au reste, tout fait peut être présenté sous la forme d'une question, et toute question peut être réduite à un fait.

(4) Voyez l'exemple précédent.

(5) *Exemple.* Un testament a été écrit par un notaire, sans mention expresse qu'il l'a écrit lui-même. On le compare à la loi (*C-Nap.* 972) ; on n'y voit pas qu'elle exige littéralement une mention expresse de cette écriture ; mais comme après avoir indiqué cette forme avec plusieurs autres, elle ajoute, *il est fait du tout mention expresse ;* on décide par interprétation, que cette mention est exigée pour toutes les formes précédentes, et par conséquent que le testament dont il s'agit n'est pas valable.

II. *Mode.* — Lorsqu'il s'agit d'appliquer une loi pour décider un différend survenu entre des particuliers, il faut faire attention à l'objet précis, et à la date de cette loi.

Objet de la loi. L'application d'une loi doit se faire à l'ordre des choses sur lesquelles cette loi statue : les objets qui sont d'un ordre différent ne peuvent être décidés par les mêmes lois ; et l'on ne doit raisonner d'un cas à un autre, que lorsqu'il y a même motif de décider. — *V. L.* 1, *in f. ff. reg. jur.* ; *L.* 3, *à. quòd principes,* et 12, *in pr.*, *C. de legib.* ; 12, 13 et 27, *in f. ff. eod.* — C'est ce qu'on exprime par ces deux axiomes : *ubi eadem ratio, ibi et idem jus.... connexorum idem est judicium....* axiomes tirés d'un grand nombre de lois. — *V. aug. Barbosa, ax.* 197 et 51 ; *Ferrière, des tutelles, part.* 4, *sect.* 14, *et part.* 1, *sect.* 4.

C'est donc à des *cas semblables* à ceux indiqués par les lois, qu'il faut en appliquer les dispositions. Il serait sans doute à desirer que l'on pût toujours faire des applications *directes* (*v. page* 27) ; mais comme il est impossible que le législateur prévoie tous les sujets de différends (6), il ne s'attache à statuer que sur les faits communs, sur ce qui se passe dans le cours ordinaire des choses. — *V. L.* 3, 5, 6, 10 et 12, *ff. de legib.*

Il y a deux exceptions à cette règle ; la première est relative aux lois pénales : nous l'avons déjà exposée (*voyez chap.* 3, *n.*° 1, *page* 13). — D'après la seconde, les dispositions des lois qui accordent

---

(6) Et si cela était possible, on devrait encore s'en abstenir pour ne pas s'exposer à un inconvénient très-grave. Si, en effet, le législateur statuait sur tous les cas particuliers, il faudrait faire un si grand nombre de lois, qu'il serait impossible de les connaître toutes, et que par conséquent les hommes ne pourraient y conformer leur conduite ; elles seraient alors pour eux de véritables piéges, suivant la remarque judicieuse de Hobbes (*de Cive, cap.* 3, *n.*° 15.)

des privilèges, ne doivent pas être appliquées hors
des circonstances qu'elles concernent, et à d'autres
personnes (7) que celles qu'elles ont en vue. *Jus
singulare*, dit Cujas (in lib. 9, respons. Papin.,
ad L. 102, ff. de condit. et dem.) *non temere pro-
ducendum est ad alias species, sine lege singulari.*
Cette maxime (8) est tirée d'une foule de lois, et
entr'autres des suivantes ; *LL.* 14 *et* 16, *ff. de legib.;*
68, 141 *in pr. et* 162, *ff. de reg. jur.;* 21, *ff.
testam. milit.;* 28, *ff. de legat.* 2.° — V. aussi
*Pothier, in pand., de legib. n.° 23; Ferrière, des
tutelles, part.* 4, *sect.* 8.

Date de la loi. 1.° Lorsqu'on s'est assuré que
la loi consultée statue réellement sur l'objet dont
on s'occupe, il faut examiner si cette loi est celle
qui a été rendue le plus récemment avant le fait qui
a donné lieu au différend (9). — *V. L.* 4, *ff. const.
princip.*

On ne peut se servir d'une loi postérieure à ce fait,

---

(7) *V. L.* 1, § 2, *ff. constit. princ.; Inst. de jure nat.,* § 6, in *f :
Pothier, in d. L.* 1, § 2; *L.* 3 ❋. *sed et si, C. de legib.*

(8) Elle est conforme à cet autre axiome, *ratione legis cessante,
cessat lex.* — Voyez *L.* 15, *ff. de legib.; Aug. Barbosa, ax.* 136; *M.
Merlin, rec. alphab.,* mot *expropriation,* § 3.

Privilèges individuels. D'après cette maxime, les privilèges accordés
à des classes générales de personnes, telles que les mineurs, ne peuvent être étendus à d'autres : il en est de même, à plus forte raison,
des privilèges accordés en particulier à quelques individus. Bien plus,
ces privilèges ne peuvent leur servir en général, qu'autant qu'ils ne
nuisent point aux droits des tiers non ouïs ; qu'ils ont été publiés,
et que les mémoires sur lesquels on les a obtenus contiennent un
exposé vrai (*si preces veritate nitantur*), et non pas *subreptice* (faux
par altération) ou *obreptice* (faux par omission). — *V.* au reste, *Pothier, in pand., de constit. princip.,* n.° 4 *et seq.; et de reg. jur.,* n.°ˢ 74,
77, 83-89; *L. ult., in pr., C. divers. rescript.*

(9) Et non pas avant le différend, avant l'action qu'on a intentée,
parce que l'action n'est que le *moyen* et non pas le *droit* d'obtenir ce
qui nous est dû. — *V. cours de procéd. civ., part.* 1, *sect.* 2, *in pr.*

parce qu'on lui donnerait un effet rétroactif, ce qui serait contraire aux principes déjà exposés — *V. ch.* 3, *n.º* 4, *pag.* 19.

On ne peut non plus appliquer une loi antérieure à la loi récente dont nous parlons, parce qu'elle a dû être abrogée expressément ou tacitement par celle-ci (10). Nous disons qu'elle a *dû,* parce que si en effet la loi récente n'abroge pas expressément la loi antérieure, elle ne l'abrogera tacitement que quant aux objets à l'égard desquels elle donne des décisions inconciliables avec le texte de la loi antérieure, de sorte que celle-ci continuera d'être en vigueur quant à ceux sur qui la loi récente garde le silence. — *Arg. ex d. L.* 4 (11). — Voyez *Pothier, in pand.,* ad d. L.; M. *Merlin, rec. alph.,* mot *douanes,* §. 5; *arr. cass.* 11 *flor. ix,* 22 *avr.* 1807.

2.º Si la loi la plus récente (12) ne statue pas sur le différend dont il est question, il faut avoir recours à celle qui l'a immédiatement précédée, et successivement.... à moins que la loi la plus récente ne se *réfère* d'une manière expresse à une loi qu'elle désigne, parce que cette dernière loi est alors censée faire partie des dispositions de la première, et est ainsi considérée comme postérieure aux lois publiées dans l'intervalle de tems qui les sépare, quoique celles-ci soient, dans le fait, moins anciennes (13). — *Arg. ex LL.* 26, 27 *in pr.,* et 28, *ff. de leg.*

On entend par *loi qui se réfère,* une loi qui ren-

---

(10) Suivant la maxime «posteriora derogant prioribus.» — V. *Aug. Barbosa, ax.* 183; *Ferrière, sup., part.* 3, *sect.* 5.

(11) Sur le véritable sens de cette loi, V. nos *observations sur les traductions des lois romaines* (Grenoble, chez Peyronnard; Paris, chez Goujon; 1807), pag. 22.

(12) La loi la plus récente sur la matière à laquelle appartient la question du différend.

(13) Moins anciennes que la loi à laquelle on s'est référé.

voie à une autre (14), c'est-à-dire qui prononce que l'on suivra les dispositions d'une autre loi, pour certains points des objets dont elle s'occupe. Souvent mêmes des articles de la même loi se *réfèrent* les uns aux autres.... Cette explication suffit pour l'intelligence de la règle précédente.

3.° Lorsque la disposition de la loi la plus récente est claire, il faut l'appliquer sans chercher à l'interpréter, quoiqu'elle paraisse dépourvue de motifs, ou injuste. — *Non omnium quœ à majoribus constituta sunt ratio reddi potest.* — *L.* 20 , *ff. eod.* — V. aussi *L.* 21 *eod ; et* 1 , §. 20 , *v̇. in re ,ff. de exercit. act. ; arr. cassat.* 15 *juillet* 1806.

Cette règle est si rigoureuse que lorsque la loi s'exprime d'une manière générale on ne permet point au juge d'en restreindre, par des distinctions, l'application à quelques cas particuliers ; suivant la maxime *ubi lex non distinguit , nec nos distinguere debemus ;* maxime tirée d'une foule de textes, et consacrée par la jurisprudence. — *V. Aug. Barbosa , ax.* 136 *; arr. cass. crim.* 22 *prair. vij,* 14 *pluv. et* 3 *germ, xj ; arr. cass. civ.* 13 *fruct. xj ; M. Merlin, rec. alph.,* mots *révocation de donation* et *tribunal de police* (15).

4.° Mais si la loi la plus récente n'est pas claire, il faut tâcher d'en découvrir le vrai sens par la voie de l'interprétation. — *V. L.* 17 ,*ff. de legib.; Pothier, pand. , ad d. L., et le chap. suivant.*

---

(14) Le plus souvent à une loi antérieure, et c'est dans ce cas qu'on doit faire usage de la règle précédente. Il n'en est pas de même lorsqu'on s'est référé à une loi postérieure (ou à publier), comme lorsqu'on a dit « les droits de telles personnes seront dé- » terminés dans la suite ».

(15) Ce qui est conforme à cette autre maxime « lorsque la loi s'ex- » prime d'une manière générale, elle n'excepte personne »... *Lex generaliter loquens , generaliter est intelligenda...* maxime tirée de plusieurs lois, et notamment de la L. 15 , § ult. , ff. testam. milit. — V. *Aug. Barbosa, ax.* 136 *; Ferrière , des tutelles , part.* 4 *, sect.* 18.

CHAPITRE V.

De l'interprétation des lois.

§. I.er *De l'interprétation considérée en général.*

L'INTERPRÉTATION est l'action ou l'art de découvrir et développer le véritable sens d'une loi douteuse ou obscure. On en distingue deux espèces, l'interprétation législative et l'interprétation de doctrine. — *Procès-verbal du conseil d'état, séance du 14 thermidor an 9.*

La première espèce d'interprétation est réservée au législateur; « les juges ne peuvent prononcer par voie de disposition générale et réglementaire, sur les causes qui leur sont soumises ». — *C-N.* 5. (16) V. aussi *LL.* 1, 9, *inf.* et 12, *C. legib.; L.* 24 août 1790, *tit.* 2, *art.* 10; *C-br.* 644, *v.* 4.

On voit par-là que l'interprétation législative n'est soumise à aucune règle, puisqu'elle dépend entièrement de la volonté du législateur. Il n'en est pas de même de l'interprétation par voie de *doctrine*; outre que cette qualification seule annonce que c'est une science, les jugemens seraient abandonnés à l'arbitraire, si les tribunaux pouvaient en user sans consulter aucun principe (17). Aussi la considère-t-on

---

(16) *Droit ancien.* — Les tribunaux supérieurs rendaient des arrêts de réglement, où ils prononçaient tout-à-la-fois comme juges, puisqu'ils y décidaient souvent une question particulière qui leur était soumise; et comme législateurs, puisqu'ils déclaraient qu'on devait toujours prononcer de telle manière, dans tels cas, et que dans cette dernière décision ils dérogeaient souvent à une loi. — (*V. notre cours de dr. civ.. tom.* 1.) — C'est ce dernier abus qu'on a voulu proscrire.

(17) *Idem*, M. Bernardi, cours de dr. civ., liv. 1, ch. 3.

comme

comme une ressource tellement puissante qu'on pense
que, secondée des règles de l'équité , elle doit suffire
au juge pour éclairer sa conscience (18); et qu'en
conséquence on décide que , « s'il refuse de juger
sous prétexte de l'obscurité ou de l'insuffisance de
la loi, il peut être poursuivi comme coupable de
deni de justice » (19). — C-N. art. 4.

§. II. *De diverses méthodes d'interprétation.*

D'après l'idée que nous venons de donner de l'interprétation des lois, on pressent que nous n'avons
pas le projet d'en développer toutes les règles dans
un cours de peu d'étendue ; nous nous bornerons à
exposer plusieurs des principales méthodes indiquées
par les lois ou consacrées par la doctrine et la jurisprudence , et nous diviserons ces méthodes en trois
classes générales.

I.re CLASSE. — *Méthodes relatives au dispositif des lois.*

1. *Examen de la loi.* Il faut examiner avec soin
toutes les dispositions d'une loi. Leur ensemble sert
à faire connaître le but de la disposition particulière

---

(18) *Conseil d'état , même séance.* — *Motifs exposés par M. Portalis
et rapport de M. Faure , corps législatif ,* 4 *et* 14 *ventôse an* 11.

Il importe de remarquer que les mêmes principes ne doivent pas être
suivis lorsqu'il s'agit de prononcer sur une cause criminelle. Le juge
doit renvoyer l'accusé absous , si la loi se tait sur son délit. — *Mêmes
autorités.* — V. aussi *C-br.* , art. 2 et 3; *C-cr.* , 364.

Au reste, l'équité dont doit s'aider le juge , est définie : « Un retour
» à la loi naturelle, dans le silence , l'obscurité ou l'insuffisance des
» lois positives ». — *M. Portalis , sup.* — V. aussi *L.* 2, § 5, *in f.* , *ff.
de aquâ et aquæ ;* 7, *in pr.* , *ff. de bon. damnat. ;* 13, § 7, *ff. de excusat. ;
C-N.* , 565.

(19) V. à ce sujet, cours de procéd. , tit. de la prise à partie.

C

douteuse, et l'on ne doit pas lui en prêter un qui soit contraire à celui de toutes les autres. Bien plus, on ne peut jamais se servir de la décision d'une partie d'une loi, et rejeter celle des autres parties. *Incisile est, nisi totâ lege perspectâ, unâ aliquâ particulâ ejus propositâ, judicare, vel respondere.* — *L.* 24, *ff. de legib.* — Voyez *arr. cass.* 4 *fruct. xj.*

2. *Lois antérieures.* Il faut avoir recours aux lois antérieures rendues sur le même sujet. Quoique les plus récentes y aient apporté des modifications, il est possible qu'elles n'aient rien changé relativement à l'objet dont on s'occupe (20). D'ailleurs, c'est dans les lois elles-mêmes qu'il faut par préférence chercher l'intention du législateur. *Posteriores leges ad priores pertinent nisi contrariœ sint* (21). — *L.* 28, *eod.* — Voyez. *arr. cass. crim.* 22 *plus. xj.*

3. *Lois postérieures.* Par la même raison, les lois antérieures s'expliquent aussi par les lois postérieures relatives au même objet. *Non est novum ut priores leges ad posteriores trahantur.* — *L.* 26, *ff. eod.* — V. aussi *L.* 27, *in pr. eod.* (22) ; *arr. cass. civ.*, 20 octobre 1807 ; *M. Béra, à la jurisp. C-Nap., t. xj.*

4. *Sens naturel.* Il faut suivre le sens le plus naturel, et non celui d'après lequel la loi manquerait son but et n'aurait point d'effet. *In ambiguâ voce legis, ea potius accipienda est significatio quœ vitio caret.* — *L.* 19, *in pr., ff. eod.* — V. aussi *d. L. in f., L.* 17, *eod.; L.* 3, §. 9, *in f., ff. de adimend. leg.*

---

(20) V. ci-devant, chap. 3, n.º 3, p. 15 et 16.

(21) Quant au sens véritable de cette loi et des deux suivantes que le docteur Hulot a dénaturées, voyez nos observations sur les traductions des lois romaines, pag. 20 et 21.

(22) Voyez les mêmes observations, *ibid.*

5. *Usage.* La loi douteuse s'explique naturelle-
ment par l'usage du pays pour lequel elle a été rendue.
Optima est legum interpres, consuetudo. — *L.* 37,
ff. de legib. (23).

6. *Équité.* Il est naturel de chercher l'intention
du législateur dans les règles de l'équité, puisqu'elles
ont dû lui servir de guide. — V. *L.* 90, *ff. reg. jur.*
L. 8, *C. judiciis*; *et ci-devant*, §. 1, *in f.*, *et note* 18.

7. *Bénignité.* Il faut interpréter les lois avec bénignité (24). — *L.* 18, *ff. de legib.* — V. aussi *L.* 10,
§. 1, *ff. reb. dub.*; 56, 155, §. 2 *et* 192, §. 1, *ff.*
reg. jur.; *CUJAS*, *ad d. L.* 56.

8. *Lois favorables.* A plus forte raison, les lois

---

(23) Mais quel est le caractère de cet usage ? Voyez *LL.* 35, 36, 38
et 23, *ff. eod.*; 1, *C. quæ sit longa consuet.*; *CUJAS*, *ad L.* 37, *sup*, , *in*
lib. 1, *quæst. Pauli*; et ci-devant, *chap.* 3, *n.°* 3, p. 17.

Quant au sens de la loi 36, entièrement dénaturé par Hulot, V. *les*
observations sur les traductions des LL. rom., p. 21.

🕮 Domat (*liv. prél.*, *t.* 1, *sect.* 2, *n.°* 20), ajoute qu'au défaut
de coutume dans un lieu, il faut suivre, (1.°) ce qui est réglé par les
coutumes des pays voisins, ... (2°) et sur-tout par celles des principales villes... La première partie de cette règle peut être bonne en
elle-même, sur-tout dans les pays côutumiers; mais elle n'est nulle-
ment fondée sur la *L.* 32, *in pr. de legib.* que cet auteur invoque;
(ce n'est pas la seule circonstance où il ait mal appliqué les lois
romaines) et qui a un sens bien différent. — *Voyez-en* l'explication
dans *CUJAS*, *ad lib.* 94, *digest. Juliani.* — La seconde partie de la
règle a un peu plus de rapport avec le même texte (sauf que Domat
en étend trop le sens), puisqu'il nous indique l'usage de la ville de
Rome, comme le supplément des usages des provinces. C'est sans
doute d'après cette maxime que les anciens pays de droit écrit sui-
vaient la coutume de Paris pour la mitoyenneté, à l'égard de laquelle
le droit romain ne leur offrait presque aucune ressource.

(24) Il est difficile de traduire autrement les mots *benigniùs* (*d.*
L. 18), *benignitas*, *benigna interpretatio*, par lesquels on désigne une
interprétation où l'on évite de s'attacher à la rigueur du droit, au
sens littéral et rigoureux des expressions, qui, en un mot, se fait
largo modo. — Voyez *Calvin*, *lexicon*, *h. v.*

rendues en faveur d'une personne ne doivent pas être interprétées dans un sens qui lui soit défavorable. *Favore quod conceditur non retorquetur in odium.* — Voyez *L.* 25, *ff legib.* (25); *Aug. Barbosa, ax.* 96; *M Merlin, rec. alph.*, mot *triage*, §. 2.

9. *Exceptions.* Les exceptions, dans une loi, ne doivent pas être étendues *Exceptio firmat regulam in non exceptis.* — Voyez *Aug. Barbosa, ax.* 85; *M. Merlin, rec. alph.*, mots *condition* et *contrainte*, §. 4.

IIe CLASSE. — *Méthodes tirées des préambules, motifs, etc., des lois.*

10. *Rubriques* (26). Les intitulés des lois et de leurs divisions peuvent servir à les interpréter, parce qu'ils indiquent les objets principaux dont on s'y est occupé : mais il faut en user avec précaution et réserve (27).

11. *Discussions.* Les débats qui ont eu lieu au moment de la *formation* de la loi sont beaucoup

---

(25) Quant au sens de cette loi, V. CUJAS, lib. 8, resp. Modest., ad d. L.

(26) C'est le nom qu'on a donné long-tems et qu'on donne encore quelquefois aux intitulés des lois et de leurs sections, chapitres, etc., parce qu'à Rome on les écrivait en couleur rouge. — V. *Brencman, de leg. inscript.*, *in jurisprud. restitutà* de *Wieling.*

(27) Hanius et Brencman (dans Wieling) ont tiré parti de cette méthode pour résoudre plusieurs difficultés des lois romaines.

On en a aussi fait usage dans plusieurs questions naissant du code Napoléon. — *V. arr. cass.* 22 juillet 1807 ; *M. Merlin, nouv. répert.,* mot *droits successifs.*

Il en a été de même pour la législation intermédiaire. — *V. arr. cass. crim.* 14 *vendém. viij,* 9 *prair. ix,* 24 *niv. xj.* — Néanmoins il est peu sûr de l'y appliquer, parce que jusques à l'acte constitutionnel de l'an 8, on laissait très-souvent au directeur de l'imprimerie nationale, le soin de mettre les intitulés. — *V. M. Merlin, rec. alph.*, mots *délai*, § 2, *enregistrement*, § 5, *voiture*, § 1.

plus utiles lorsqu'on veut en découvrir le véritable esprit (28).

12. *Motifs.* Il en est de même à plus forte raison des préambules, préfaces, considérans, où le législateur expose son intention : il ne faut pas en général (29), interpréter la loi dans un sens qui y soit opposé. — *Arg. ex L. titia* 134, §. 1, *ff. verbor. oblig.* — V. aussi *M. Merlin*, *rec. alph.*, mots *avantages aux héritiers*, §. 4, *révocation de donation, etc.*

13. *Modèles.* On pourrait aussi dans les lois de *formes*, argumenter des modèles ajoutés à quelques-unes des lois de cette espèce, parce qu'ils sont une application faite par le législateur lui-même des principes qu'il a suivis (30).

IIIe CLASSE. — *Méthodes tirées de la nature des dispositions.*

14. Dispositions *démonstratives* et *surabondantes.* Lorsque après une règle générale, le législateur donne une décision particulière ou un exemple, on ne doit pas les faire servir à limiter la règle générale, parce qu'ils n'ont été insérés que pour *montrer* l'intention du législateur (31). — *Arg. ex L.* 81 *et* 94,

---

(28) Tels sont les discours, observations, etc., rapportés dans les procès-verbaux des ordonnances de Louis XIV, des assemblées législatives, du conseil d'état, etc. — *V. M. Merlin, rec. alph.*, mots *biens nationaux*, § 2, *contrainte*, § 3.

(29) Car cette règle reçoit exception, soit lorsque la disposition n'est point indiquée par les motifs, soit lorsqu'elle va plus loin que les motifs, ce qui n'est pas sans exemple. — *V. M. Merlin, rec. alph.*, mots *notaire*, § 3, *et restitution pour délit ;* et *nouv. répert.*, mot *divorce.*

(30) Mais ces modèles ne sont point obligatoires ; ils prouvent seulement l'utilité des formes qu'ils indiquent. — *V. M. Merlin, sup.*, mot *faux*, §. 3.

(31) Ce qui est conforme à la maxime *inducta ad augendum non debent operari diminutionem.* — Voyez *Aug. Barbosa*, *ax.* 34 ; *Furgole*, *donat.*, qu. 31, n.° 81.

ff. reg. jur. — V. *Cujas*, *ad d. L.* 81 ; *arr. cass.* 13 *octob.* 1807 ; *M. Merlin*, *sup.*, mots *lettre de ratification*, §. 3, et *expropriation*, §. 3.

15. Dispositions *limitatives et restrictives... argument à* CONTRARIO SENSU. Lorsque la loi ordonne une chose elle est censée défendre les autres. *Inclusio unius est exclusio alterius.* — Voyez *Aug. Barbosa*, *ax.* 120, *et Ferrière*, *des tutelles*, *part.* 4, *sect.* 2 ; *cons. d'état.*, 20 *vendém. xij.* — V. aussi *d. arr.* 13 *octob.*, *et ci-dev.*, *ch.* 3, *n.*° 1, *pag.* 12.

Voilà ce qu'on nomme l'argument à contrario sensu, argument très-usité et qu'on ne devrait cependant employer qu'avec beaucoup de réserve, parce qu'il y a un grand nombre de circonstances où il n'est pas concluant. Telles sont celles où l'*inclusion* est faite en forme démonstrative ou *ampliative* (32); où l'hypothèse incluse est connexe à l'excluse ; où l'on contrarierait le texte ou l'objet précis de la loi, etc. — V. *Barbosa*, *ibid*, *n.*ᵒˢ 10 *et seq.*; *M. Merlin*, *rec. alph.*, mots *lettre de ratif.*, §. 3, *remploi*, §. 4, *rente foncière*, §. 10, *etc.*; et *nouv. rép.*, mot *droits successifs*.

16 à 23. Dispositions *impératives*, *prohibitives*, *pénales*, *rigoureuses*, de *permission* et de *tolérance*, *énonciatives* et *facultatives* (33)... Voyez ci-devant, *chap.* 3, *n.*ᵒˢ 1 *et* 3; *et appendix*, *note* 36.

---

(32) La disposition ampliative est une disposition démonstrative *expresse*. Par la disposition démonstrative proprement dite, le législateur donne simplement un exemple ; par l'ampliative, il y insiste en employant quelque terme, tel que *sur-tout* (maximè), etc. — *V. Aug. Barbosa*, *ax.* 120, *n.*° 12.

(33) La disposition *facultative* est celle qui donne le pouvoir ou la liberté de faire quelque chose ; elle est exprimée en général par le verbe *pouvoir*. — Voyez *ci-devant*, *page* 25.

IV.ᵉ CLASSE. — *Méthodes tirées de l'explication grammaticale.*

Nous ne parlons de ces méthodes que pour in‑
diquer quelques règles générales (34) , telles que les
suivantes :

24. Il ne faut pas dans l'interprétation des lois,
s'attacher à une explication grammaticale , trop
rigoureuse et trop scrupuleuse. — *Pothier, in pand.,*
de legib., n.º 17. — V. aussi, *ci-devant,* n.ᵒˢ 1 et 4 ,
pag. 33 et 34 (35).

Dans d'autres circonstances il faut en général, et
sauf les règles suivantes , entendre un mot d'après
son acception ordinaire, *secundum communem usum*
loquendi... et s'il en a plusieurs, s'attacher à celle qui
lui fait produire quelque effet. — *Arg. ex L.* 69,
ff. legat. 3.º , *et* 67, *ff. reg. jur.; CUJAS, ad d.*
L. 67 ; *Aug. Barbosa, ax.* 222.

25. Un mot employé dans un sens opposé à sa
signification vulgaire , doit être entendu dans celui
que lui donne tout le texte de la loi. — *Arg. ex L.*

---

(34) Si l'on voulait indiquer les règles de détail, il faudrait un ou‑
vrage, ou un cours bien plus étendu que celui-ci. Le traité *de verba‑*
rum significatione de Brisson, a pour le seul droit romain , plus de
1000 pages *in-folio*; et il serait nécessaire d'y ajouter, 1.º les termes
(au moins les termes équivoques) qui nous sont propres ; 2.º des
règles de grammaire générale, modifiées d'après les différences qu'of‑
frent, quant à la syntaxe , etc. , les langues latine et française.... Au
reste, dans l'explication orale, nous donnerons l'interprétation de
plusieurs locutions douteuses.

(35) Cela est conforme à ces maximes : *verbis subtiliter non est dialec‑*
ticandum ... mens legis magis est attendenda quàm verba... lex non est posita
verbis sed rebus. — Voyez Barbosa , *ax.* 222 et 136.

Néanmoins comme on doit supposer qu'il n'y a rien d'inutile dans
la loi , (*lex non debet habere unam syllabam superfluam...* d. ax. 136) il
faut , mais sans perdre de vue la règle précédente , en interpréter *gram‑*
maticalement les termes douteux.

44c

24, *ff. legib.* (*v. pag.* 33) *M. Merlin*, *rec. alph.*; mot *désertion d'appel* (36).

26. La clause finale d'une disposition se rapporte pour l'ordinaire, non seulement aux termes qui la précèdent immédiatement, mais encore à ceux qui sont compris dans la même oraison. — *Pothier*, *sup. de verb. sign.*, n.º 4, *et de legat.* n.º 189.

27. Une expression indéfinie équivaut à une expression générale. — *Aug. Barbosa*, *ax.* 123; *Furgole, de donat.*, *qu.* 31, *n.º* 13; *Pothier, d. n.º* 4(37).

28. Un terme est souvent employé dans une acception générale et dans une acception particulière(38). — *Schneïdwin*, *inst.*, *lib.* 2, *tit.* 6, *n.º* 4.

29. La disposition conçue au masculin, s'applique ordinairement et au masculin et au féminin. — *LL.* 1, 195, 152, *ff. verb. sign.*

30. Le qualificatif mis à la suite de plusieurs substantifs ne se rapporte qu'au dernier si c'est avec lui seul qu'il s'accorde parfaitement. — *Arg. ex L.* 8, *ff. auro*, *arg. leg.*; *Pothier*, *d. n.º* 4, *et de legat.*, *n.º* 190.

---

(36) « Verba sunt intelligenda secundum materiam, de quâ loquuntur, etiam contrà propriam significationem. » — *D. ax.* 222.

(37) Par exemple, l'expression *mes biens* équivaut en général à celle-ci *tous mes biens.* — Mêmes autorités.

(38) C'est alors par le sens général de la disposition qu'il faut déterminer la véritable acception du terme.

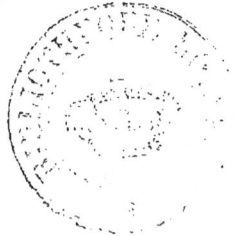

Additions au Cours des préliminaires du Droit.

(Avril 1817).

1. *Page* 17, après la ligne 2, *ajoutez* : en 3.ᵉ lieu, quand l'ordre des choses pour lequel la loi a été faite ne subsiste plus. = *V. à ce sujet, Rec. Alph.*, mot *Tribun. d'appel*, §. 3, 2.ᵉ édit., t. 5, p. 380; *répert.*, mot *motifs des lois*, n.º 3, 4.ᵉ édit., t. 8, p. 415; *et un autre exemple, au* mot *meunier, ib.* 193, n.º 3.

2. *D. page* 17, après la ligne 19 et le mot législateur, *mettez* le renvoi (15 *bis*), et au bas de la page la note suivante :

(15 *bis*) Toutefois un arrêt ne serait pas susceptible de censure s'il préférait la loi à cette jurisprudence. « Si dans le passage de l'ancienne législation à la nouvelle, on a pu quelquefois maintenir des arrêts fondés sur une jurisprudence contraire à la loi, mais établie par une longue série de jugemens uniformes, ce n'est pas un motif pour casser des jugemens qui, abandonnant cette jurisprudence abusive, se sont conformés au texte et à la lettre de la loi, sur-tout lorsqu'on ne pourrait faire résulter la prétendue désuétude de la loi, d'une jurisprudence universelle, mais de la jurisprudence particulière d'un parlement ». = *V. arr. rej.* (*sect. civile*) 23 *janv.* 1816, *Jalbert*, 309.

3. *P.* 19, lig. 22, à la fin du texte, *ajouter* à la ligne :

Cette règle est encore susceptible des quatre exceptions suivantes :

1.ʳᵉ La loi peut éteindre des droits lorsqu'ils ne sont pas encore ACQUIS. = *V. à ce sujet répert.*, mot *loi*, §. 9, n.º 4, t. 7, p. 553.

2.ᵉ En général, les lois qui règlent l'*état des personnes* sont applicables dès leur promulgation, et par conséquent peuvent, dès cet instant, rendre ou ôter à un individu la capacité. = *Voir arr. cass.* 20 *mai* 1806, au *B. c.*, p. 182, *et au répert.*, mot *prodigue*, §. 7, t. 7, p. 151; *arr. rejet civ.*, au rec. alphab., h. v., 2.ᵉ édit., iij, 172 et suiv.

Mais cette exception n'est, aussi en général, admissible qu'autant que les lois nouvelles, et *améliorent* l'état des personnes (24 *bis*), et ne nuisent pas aux droits acquis à des tiers.

Car si elles *empirent* l'état des personnes, elles ne sont applicables qu'aux individus qui s'y trouvent encore placés. = *Voir au sujet de cette distinction, mêmes autorités ; répert.*, mot *loi*, §. 9, n.º 5. t. 7, p. 554 *et suiv.; arr. cass.* 6 *avr.* 1808, *ib.*, et au *B. c.* (24 *ter*).

3.ᵉ Les lois pénales sont applicables aux délits antérieurs lorsqu'elles sont plus *douces* que celles du tems du délit. = *V. répert. d. mot loi*, §. 9, n.° 6, t. 70, p. 555; *mot peine*, n.° 9, t. 9, p. 207; *arr. cass. ibid.* (24 *quater*).

4.ᵉ Les lois d'*instruction* sont applicables aux procédures déjà commencées. = *V. sur cette* 4.ᵉ *exception, et les limitations dont elle est susceptible, notre Cours de procéd.*, 3.ᵉ *édit.*, p. 124.

☞ Après cela mettre au bas de la page 19 les trois notes suivantes :

(24 *bis*) Dans ce cas, c'est, dit l'auteur du répertoire, t. 7, p. 554, une opinion *assez commune* que les lois sont applicables sur-le-champ. Plus loin, n.° 6, p. 555, il dit que cette distinction n'est pas sans *difficulté ;* cependant elle est consacrée par les arrêts cités ci-dessus au texte, 2.ᵉ exception.

(24 *ter*) Voir aussi une dissertation et plusieurs arrêts de cours d'appel, à la jurisprud. du Code civ., t. 2, p. 449 et suiv., 129 et suiv.; t. 3, p. 37 et suiv., 266 et suiv., 417 et suiv.; t. 4, p. 106 et suiv., 133 et suiv.; 336 et suiv.; t. 5, p. 53 et suiv., 85 et suiv., 458 et suiv.

(24 *quater*) V. aussi arr. cass. au B. c. cr. 19 févr., 10 juin, 9 et 30 juill., 27 août, 3 sept., 1.ᵉʳ et 15 oct. 1813, 13 janv. 1814, 27 janv. 1815, 29 juin 1816.

4. Page 22, *ajouter* à la note 29 :

L'auteur du répertoire, mot loi, §. 5, n.° 3, t. 7, p. 528 et suiv., soutient que, d'après les mêmes lois, l'exécution ne devait avoir lieu qu'à dater de la publication dans la *municipalité ;* mais il convient que la jurisprudence, consacrée par les arrêts cités ci-dessus, et qu'il rapporte aussi, est contraire à son système.

5. Page 24, *ajouter* à la note 34 :

Ce mode a été changé. 1.° La promulgation résulte aujourd'hui de l'insertion au Bulletin; elle est réputée connue dans le département où siège le Gouvernement, un *jour* après que S. E. le Ministre de la justice a reçu le Bulletin de l'imprimerie royale, jour qui est constaté par un registre. = *V. ord. du Roi, du 27 nov. 1816, art.* 1 et 2.

2.° C'est de l'expiration de ce même *jour* que court le délai pour les autres départemens (*v. d. ord.*, *art.* 3) que nous exposons au texte et dans la note 35.

3.° Le Gouvernement peut, s'il le veut, hâter l'exécution des lois, ordonnances, etc. Il les envoie alors aux Préfets, et elles sont exécutoires du jour de la publication qui en est faite par *affiches*, en vertu d'arrêtés des préfets. = *V. d. ord.*, art. 4, combiné avec *ord.* du 18 janvier 1817.

6. *Page* 24, note 35, lig. 30, après an 11, *ajouter :* (on a compris dans ces deux intervalles, le premier jour postérieur à la promulgation, dont il est question à l'alinéa suivant de la note 35.)

6 bis. D. *page* 24, note 35, lig. 36, après les mots expl. du Code, p. 9, *ajouter : v.* aussi répert., mot loi, §. 5, n.° 6, t. 7, p. 543.

7. *Page* 25, note 35, *ajouter à la fin :* mêmes principes dans un arrêt rendu par la Cour de Limoges, le 15 nov. 1811 (avoués, t. 5, p. 45).

8. *Page* 26, note 36, *ajouter :* notre système a été consacré par un arrêt de la Cour d'Aix, du 18 avril 1815, maintenu en cassation le 7 mars 1816. (Jalbert, p. 360).

9. *Page* 31., ligne 13, *ajouter : v.* aussi arr. cass. civ., 1.er mars 1814, B. c.

10. *D. page* 31, lig. 23, *ajouter : v.* aussi arr. cass. civ., 10 janv. et 8 mai 1809, 29 mai 1811, 29 mars 1813, 21 et 28 févr. 1814 ; id. crim., 14 août 1813 et 1.er mars 1816, tous au B. c.

11. *Page* 34, lig. 16, *ajouter : v.* aussi répert., mot contrainte par corps, n.° 20, 4.e édit., iij, 73; mot marque et contrôle, §. 3, n.° 4 *bis, ib.*, viij, 127; mot non *bis, ib.*, 611 ; mot société, xij, 692; arr. cass., 3 févr. et 27 avr. 1813, B. c.

12. *Page* 36, n.° 9, lig. 10, *ajouter : v.* aussi d. mot contrainte, §. 3; avis du Cons. d'Etat, du 6 nov. 1813.

13. *D. page* 36, lig. 30, note 27, après droits successifs, *ajouter : v.* d'autres exemples au répert., mot contrainte par corps, n.° 20, t. 3, p. 74; aux arr. cass. civ., 27 avr., 22 juin, 13 et 26 août 1813; et crim., 1.er août 1816, tous au B. c.

14. *D. page* 36, à la fin. *ajouter :* mais v. aussi le répert., mot loi, §. 10, n.° 2, 4.e éd., vij, 556; arr. cass., 30 juill. 1811, *ib.* et au B. c.

444

15. *Page* 37, lig. 9, n.° 12, *ajouter :* v. aussi répert., mot motifs des lois, 4.ᵉ édit., viij, 415.

16. *D. page* 37, lig. 26, note 28, *ajouter :* v. aussi répert., mot gains nuptiaux, §. 4, t. 5, p. 431; mot contrainte par corps, aux additions, t. 15, p. 142 et 145; arr. cass. cr., 29 oct. 1813, B. c., p. 572.

17. *D. page* 37, lig. 30, note 29, *ajouter :* v. aussi répert., mots motifs des lois et promesse de changer, 4.ᵉ édit., viij, 415, x, 200; conclusions à J.-c-c. iij, 473.

18. *Page* 38, lig. 3, au n.° 14, *ajouter :* v. aussi arr. cass., 5 niv. xij, B. c., p. 100; arr. d'Amiens, 13 mars 1806, J.-c-c., vij, 15.

19. *D. page* 38, lig. 19, n.° 15, après les mots loi, etc., *ajouter :* où il s'agirait également de faire détruire un droit acquis; de faire regarder comme tacitement abrogée avec effet rétroactif une loi qui, par sa nature, ne peut être abrogée que formellement et pour l'avenir. = *V. répert., mot gains nuptiaux*, §. 4, t. 5, p. 429. = *V. aussi id., mot sieur, t.* 12, p. 610; *Ferrière sur Gui Pape, quest.* 582.

20. *Page* 40, lig. 23, note 36, *ajouter :* v. aussi répert. d. mot gains nuptiaux, §. 4, t. 5, p. 428.

445

446

447

448

TABLE

Des matières du tome 1.

N.B. Voy. pour plus de détails la notice qui est ci-devant page 9 et suivantes

452

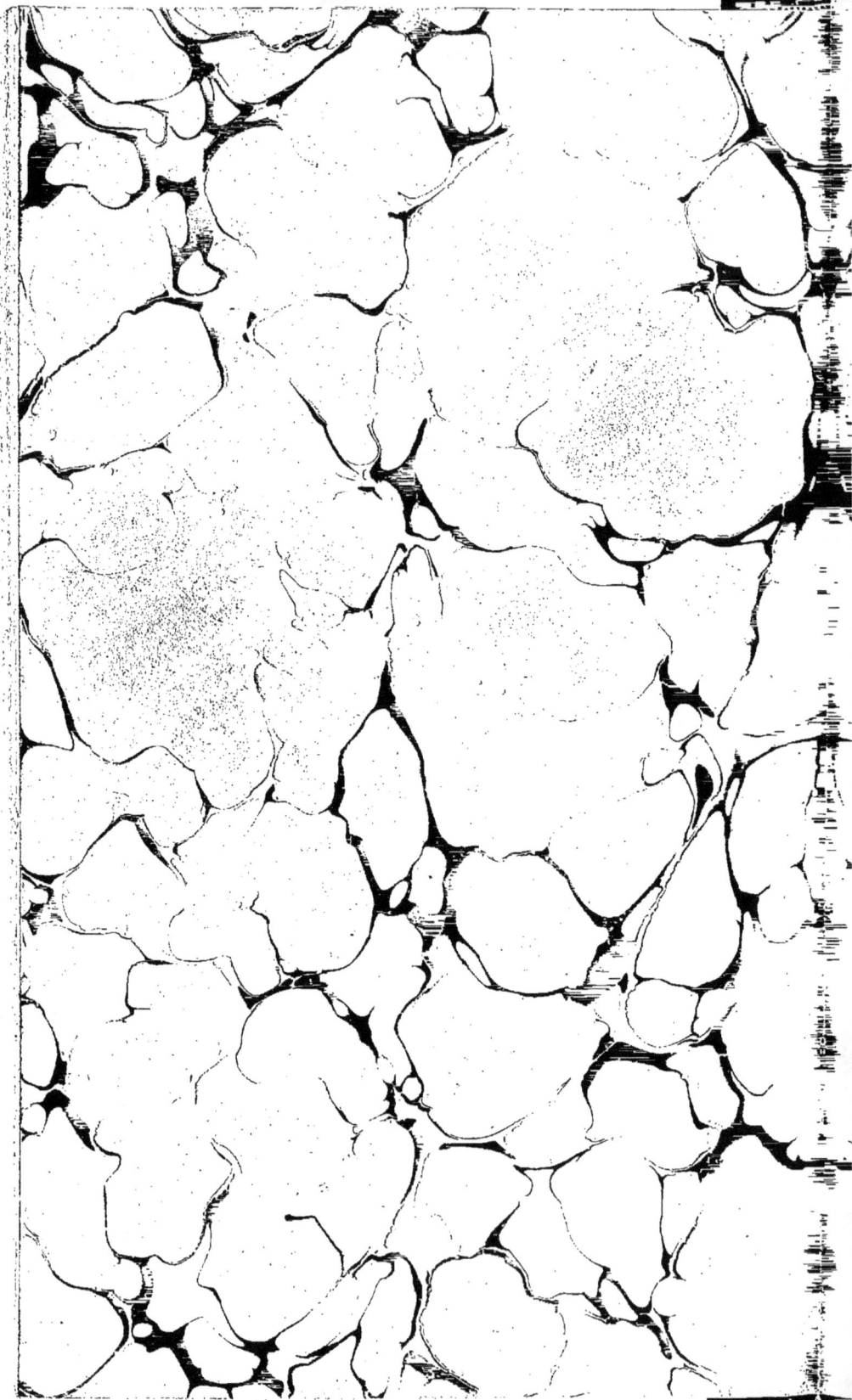

www.ingramcontent.com/pod-product-compliance
Lightning Source LLC
Chambersburg PA
CBHW070833210326
41520CB00011B/2236